Für Lebensqualität –
Behindertenpartizipation

Thomas Zumstein

© 2016

Impressum
   1. Auflage
ISBN: 9783741261992
Herstellung und Verlag: BoD - Books on Demand, Norderstedt
Autor: Thomas Zumstein
Spendenkonto: 45-32034-4

Über dieses Buch.

Eine Welt für die Lebensqualität der Menschen. Dies ist sicher ein hohes Ziel. Jedoch keine Utopie. Die Menschen müssen im Monat mindestens 4'000.00 CHF mit einer Rente erhalten. Mit diesem Buch möchte der Autor Thomas Zumstein über die Notwendigkeit überzeugen, für die psychisch Kranken und Behinderten da zu sein.
Als Sachbuch konzipiert, enthält es auch Standpunkte der PSHD Schweiz. Aber auch Beiträge die nicht die Meinungen der PSHD Schweiz wiedergeben.

Über den Autor:

Thomas Zumstein lebt am Jurasüdfuss in Grenchen in der Schweiz. Er betätigt sich in der Politik und als Autor. Beruflich arbeitet er als spiritueller Heiler, Schamane und Buchautor.

Einleitung

«Durch die Einschränkung der Lebensqualität der Menschen und Aufbau des Drucks, überschreitet die bürgerliche Politik ihr Mass. Die psychisch Erkrankten und Behinderten brauchen eine Politik mit Lebensqualität. Und eine monatliche Grundleistung von mindestens 4'000.00 CHF pro Monat.»

Thomas Zumstein

Dieses Buch ist extra in einem politischen Ton und in Konzipierung eines Engagements für Menschen gelegt. Die Evaluation hat gezeigt, dass die Schwächsten Menschen eine politische Lobby in der Schweiz brauchen. Klar gibt es die Pro-Behindertenverbände. Aber wo ist eine Partei? Die Menschen mit psychischen Behinderungen brauchen solvente und behindertenfreundliche Wirtschaftsinstitutionen und Menschlichkeit in ihrem Leben. Gleichzeitig die Durchsetzung der juristischen Behindertenrechte und -Gesetze. Alle Parteien müssen eine Lobby für psychisch Erkrankte sein. Sowie die Medien und die Behörden. Die schweizerische Gesellschaftspolitik sieht anders aus. Dafür braucht es eine schweizerische Partei und die Durchsetzung ihrer Rechte. Jeder Mensch braucht gute und günstige Wohnqualität und Politiker die ihre Sprache verstehen. Die Hürden werden immer grösser. Die Diskriminierung und Stigmatisierung nehmen zu. Die Lebenshaltungs- und Gesundheitskosten werden immer höher. Die Renten und die Sozialhilfebeiträge werden immer kleiner und die Sanktionen immer

dramatischer. Die Unterstützungsgelder der kantonalen Instanzen für Behinderte müssen erhöht werden. Die Behinderten müssen unbürokratisch im kulturellen und sozialen Leben teilhaben können. Die ambulanten Therapien müssen gratis sein und durch den Staat auf Bundesebene und Kantonsebene übernommen werden. Das Budget der FLB (Finanzielle Leistungen an Behinderte) muss aufs zehnfache erhöht werden pro Person. Es braucht endlich Politikerinnen und Politiker und Medien, die sich für die Behinderten engagieren. Dies gibt es in der Schweiz viel zu Wenige, da es leichter ist die Thematik auf Ausgrenzung und Diskriminierung zu legen und die schwächsten Personen immer mehr in eine behördliche und politische Automatisierung zu stecken. Stattdessen müssen Journalisten und Politiker mehr denn je, zu sozialen und menschlichen Aspekten zurückkehren und konsequent für Lebensqualität einstehen. Die politische Partizipation für Behinderte muss gefördert werden und die Barrierefreiheit aufgebaut werden. Die Behinderten müssen in leichter und verständlicher Sprache und in Geduld und Achtsamkeit mit ihnen, ihre Rechte wahrnehmen können. Niemand darf Mobbing und Stigmatisierung irgendeiner Institution, den socialmedias oder den Medien unterworfen werden.
Die Pro Infirmis Kanton Solothurn sagt: «Die Behinderten müssen hohe Hürden durchlaufen.» Dies ist so! Deshalb müssen sie immer mehr die Motivation und Gewissheit bekommen, dass keine Hürden vorhanden sind.

Für sie ist dieses Buch gemacht.

Erster Teil:
Mut zu lesen und Lebens-Mut

Die Vision ist es, dass die Wünsche der Menschen und der Lebewesen erfüllt werden: Ihre Gesundheitsqualität. Das Glück und die Zufriedenheit müssen ihnen (euch) gegeben werden. Deshalb ist die Förderung der Lebensqualität auf persönlicher und individueller Ebene politisch sehr wichtig und die Sensibilisierung für die Anliegen von euch. Niemand darf menschlichen und sozialen Schikanen ausgesetzt sein. Die Stigmatisierung nimmt nach Überzeugung des Autors zu. Dies soll politisch nicht geschehen. Die Kommunikation und das Leben der Menschen müssen auf Menschlichkeit beruhen. Der Umgang muss auf Rücksicht und Toleranz gestaltet werden. Dass das politische Engagement und die Publizierung von Büchern und Hilfsthemen zunehmen muss – für die Anliegen des Lebensmutes – darf politisch und gesellschaftlich nicht vergessen werden. Das Leben muss finanzierbar sein. Der Autor möchte Mut und Lebenssinn geben. Ein Platz am Wohnort ohne Stigmatisierung und Hürden. Der Druck ist für viele immens hoch. Fast jeder Behördengang ist mit gesetzlichen und sozialpolitischen Hürden gefüllt. Dies weiss jeder der Therapien oder Klinikaufenthalte meistern muss und Alltags-Training absolvieren muss. Die Inklusion und die Barrierefreiheit sind deshalb politische Eckpfeile. Der Mut und die Transparenz sich virtuellen und lebensnahen Selbsthilfegruppen anzuschliessen, findet der Autor mitwirkend in Wunschäusserung und Transparenz der Anliegen.

Dabei muss auf Achtsamkeit und Freundlichkeit der Personen – gegenseitiger Respekt – Wert gelegt werden. Die Foren-Kommunikation sind wichtige gesellschaftliche Themen, mit jenen sich die Administratoren und die Leiter von Selbsthilfegruppen befassen müssen. Dabei ist auch Hilfe holen von Aussenstehenden sehr hilfreich. Das Setting der Kommunikation muss hilfreich sein. Und Diskriminierungsfrei. Die Politik darf nicht restriktiv geführt werden. Denn die Behinderten sind Experten für ihre Anliegen und Wünsche. Deshalb muss die schweizerische Politik Lebensqualität und Selbstbestimmung geben. Der Autor macht extra auf die Sensibilisierung der Wünsche und Anliegen von psychisch Erkrankten aufmerksam. Mit Absicht! Da die psychisch Erkrankten auch Teil der politischen Gesellschaft in der Schweiz sind und sie sehr starke Wichtigkeit und Menschenwürde in der schweizerischen Gesellschaft geniessen sollen. Dieses Anliegen ist das politische Ziel des Autors. Die schulischen Leistungen sollen nicht auf Ausgrenzungen, sondern auf Menschlichkeit und menschliche Inklusion aufgebaut werden. Die Therapieaspekte müssen dies beinhalten. Dieser Grundsatz wird in der Politik und der Gesellschaft immer wichtiger. Deshalb ist auch der bedingungslose Grundstock von 4'000.00 CHF monatlich für die Menschen wichtig. Die Berufstätigen in Pflegebereichen müssen einen monatlichen Grundlohn von 12.000.00 CHF haben. Dies ist kein politisches Luftschloss, sondern eine ernstgemeinte politische Forderung. Deshalb der persönliche politische Einsatz. Dies ist einfach und von Kopf aus illustriert. Da der Autor vielseitig und druckfrei mit

dieser Thematik umgehen möchte und selber mit Behördenvielfalt konfrontiert ist. Auch mit Einschränkungen der finanziellen und persönlichen Möglichkeiten. Die persönlichen Ressourcen und die politischen Meinungsvielfalte sollen jedoch der Lebensqualität von Behinderten Menschen zukommen. Aber auch als Lesestoff der Personen im Sozialbereich und sozialpädagogischen Bereich animieren. Da diese Thematik komplex ist und geprägt von kontroverser Politik, ist es hilfreich die Stimmungsbilder und Meinungen der Betroffenen zu sammeln und realistisch mit den Alltagsressourcen umzugehen. Dafür ist eine E-Mailadresse für Feedbacks- und Wünsche eingerichtet: info@pshd.ch Diese E-Mailadresse steht allen Betroffenen, Angehörigen, Behörden und Medien zur Auseinandersetzung der Thematik offen. Zum Schutz von Diskriminierung und der Stigmatisierung.
Die politische Vision und diese Thematik darf für das Wohl der Betroffenen genutzt werden. Soll aber nicht als einzige Wahrheit und objektiver Standpunkt gelten. Da sie auf der subjektiven Wahrnehmung des Autors beruhen und persönliche Ansichten über die Politik der Schweiz wiedergeben. Die gesellschaftliche Politik ist stetem Wandel und kontroversen Meinungen unterworfen. Auf die möchte der Autor nicht im Detail eingehen.
Diese Thematik spornt aber an, für das Wohl der Betroffenen tätig zu sein. In politischer und gesellschaftlicher Hinsicht. Zur Wahrung der Selbstbestimmtheit der Betroffenen und der Behinderteninklusion. Konkrete Forderungen sind menschlicher und menschenwürdiger Umgang. Dies wird sicher noch zu weiteren politischen Diskussionen

und Erarbeitung von Studien führen. Auf nationaler und internationaler politischer Ebene. Der Autor ist auch interessiert an energetischen und alternativen Methoden. Jedoch keinesfalls auf Zwangsmassnahmen mit Fesselungen und Isolierung. Da sie Folter und Stress bedeuten. Die Therapiefreiwilligkeit und Freiheit der Menschen muss gewährleistet sein. Das Konzept dieses Buches liegt auf der Hand. Eine Betroffene sagt: «Leider haben sich die Zeiten vehement geändert... Heutzutage zählen nur noch Leistung; Resultat Stress. Ich bin sehr froh, bin ich aus der Arbeitswelt, obwohl ich früher die tollsten Funktionen hatte."
Die wahren Worte appellieren an Stressfreiheit und eine politische Umkehr: Zur Stressfreiheit und zur Lebensharmonie.
Sogar Sozialarbeiter sind der «schwierigen Zeit» unterworfen und brauchen Settings und Konzepte zur Erholung. Dazu möchte das Buch anregen und es ist keineswegs ein «Luftschloss». Die Politikerinnen und Politiker müssen Mut zur Erholung haben. Und zum harmonischen Umgang mit Betroffenen.
Dieses Buch ist in einer handlichen Sachbuch-Ausgabe formatiert. Dies soll gewährleisten, dass die Vision einer breiteren Publikumsfläche zugutekommt. Und den obigen Worten Nachdruck verleiht. Dieses Buch ist auch von einem Betroffenen geschrieben, der den Wunsch verspürt, einen frischen Wind in die Politik und in die Medien zu bringen. Mit einer klaren und konkreten einfachen Vision. Der Autor steckt noch vom Alter her in der Arbeitswelt. Das Interesse liegt auch sich in der bezahlten Arbeitswelt einzubringen und der Mitwirkungspflicht gesellschaftlich und politisch nachzukommen. Dies ist fast ein gesellschaftlicher Aufschrei, als Sprachrohr für die

Betroffenen. Obwohl die Betroffenen eine ganz andere Meinung und Standpunkte haben dürfen. Doch die Meinungsäusserungen zeigen. Es wird eine politische Revolution und eine Lobby gefordert. Eine gesellschaftliche Integration, die aus Ruhe und Harmonie besteht. Eine Sammelbeschwerde auf politischer Ebene ist von den Pro-Verbänden angebracht. Die Betroffenen stecken nicht in einer Bewusstseinstrübung. Sondern die Aufrufe werden auch von Menschen aus dem Sozialbereich geäussert und gewünscht. Die Betroffenen dürfen nicht in die Sozialhilfe und die Armutsfalle fallen. Das dies kein leeres «Luftschloss» ist, ist den Betroffenen abzulesen. Und auch auf der Strasse zu hören. Doch Appellationen, Postulate...etc werden leider meistens abgeschmettert. Dies darf nicht sein und der Mut zur Solidarität muss sich öffnen. Sonst ist es eine Diskriminierung und Stigmatisierung der Betroffenen. Und alle Parteien auf nationaler Ebene und kantonaler Ebene müssen mitmachen. Die Betroffenen möchten nicht die Katze im Sack kaufen. Deshalb möchte dieses Buch eine politisch-gesellschaftliche Diskussion im social-mainstream anregen und zu finanziellen Spenden für die Pro-Behindertenverbände und - Institutionen aufrufen. Langer Rede kurzer Sinn: Der politischen Umkehr hat begonnen.

Zweiter Teil:
Gesellschaftliche Sozialphobbie

Viele Betroffene getrauen sich nicht, den politischen Auswüchsen des Stress Stirn zu bieten und sich zu äussern. Dazu gibt es viele philosophische und sozialgesellschaftliche Problematiken. Thomas Zumstein möchte nicht weiter auf die individuellen Problematiken eingehen. Da die Betroffenen selbst der Kommunikation mächtig sind und in Foren teilnehmen können um ihre Wünsche und Bedürfnisse zu äussern. Doch es herrscht eine gesellschaftliche Sozialphobie, die meistens Schlaflosigkeit und Politverdrossenheit bringen.
Der Autor tritt mit dem Wunsch an die Leserinnen und Leser sich zu melden und den Pro-Behindertenverbänden ihre Wünsche und Bedürfnisse mitzuteilen: info@pshd.ch. Dazu vielleicht auch juristische Hilfe in Anspruch zu nehmen oder bei einer Anwaltskanzlei Hilfe zu suchen. Empfehlung: Wullimann und Partner, Grenchen. Diese Anwälte sind erfahren und betraut mit schwierigen Fällen.
In diesem Zusammenhang ist auch Stadtmarketing für die schöne Stadt Grenchen zu machen, die engagierte und appellierende Pro-Behindertenaktivisten politisch, strukturell und gesellschaftlich nachweist.
Der Autor lebt selbst in dieser positiven und schönen Stadt am Jurasüdfuss. Die Stadt ist noch zu wenig bekannt, als Sozial-Pro-Betroffenen-Stadt. Aber politisch findet sie Image und Prestige für die Anliegen und Wünsche der Betroffenen. Es muss auch hier mehr Gewichtung für die Wünsche der Betroffenen stattfinden. Der Autor appelliert, dass alle Parteien für

die Behinderten einstehen und wirtschaftliche Lebensqualität zusichern. Auch die öffentliche Presse und Medien. Besonders sie. Da eine öffentlich-gesellschaftliche Kritikäusserung zum Wohl der Betroffenen notwendig ist und Verantwortung trägt. Die Stärkung muss auf energetischer und politischer Ebene stattfinden. Die Stadt Grenchen darf nicht Schweigen zum Wohle der Sozialhilfeempfängerinnen und Sozialhilfeempfänger. Die soziale Mindestgrundleistung von mindestens 4'000.00 CHF muss allen Menschen zustehen und zukommen. Auch weil die Betroffenen sich vielfach nicht wehren können und vor rigorosen Hürden stehen. Dazu müssen Pro-Behindertenvereine und -Verbände aufgebaut werden. Die Lebensqualität der Betroffenen ist meistens keine Stressfreiheit, was sie sich aber Wünschen und vom Autor selber ein grosses Anliegen ist. Dieses Buch soll als Sprachrohr für die Betroffenen gelten und als Leseinstrument für ihre Wünsche.

Wunschliste des Betroffenen:

Diese Wunschliste ist als Petition zu Handen des Gemeinderats und des Stadtpräsidenten gedacht und ist unterzeichnet am:

Von:

Und Thomas Zumstein am Datum: _____

Vielfach haben geschriebene Wünsche mehr politische Gewichtung und verankern die Anliegen in der Politik. Juristinnen und Juristen und Promentesana und Pro Infirmis können vielleicht bei der Durchsetzung der Anliegen behilflich sein. Die Pro-Behindertenverbände sind in der Regel unentgeltlich und solidarisch tätig. Manche verlangen einen Mitgliederbeitrag. Dieser Beitrag lohnt sich. Meistens kommen die Verbände auch den Betroffenen entgegen.

Appell an die Kommission INSOS:

Nähere Information der Kommission:

In der INSOS-Kommission Lebensgestaltung steht das Anliegen im Zentrum, für Menschen mit Behinderung passende institutionelle Dienstleistungen im Bereich Tagesstrukturen sowie im Wohn- und allgemeinen Lebensbereich anzubieten.

Im Vordergrund stehen optimale Bedingungen sowohl auf institutioneller wie auch auf gesellschaftlicher und politischer Ebene, um geeignete Angebote im Sinne der UNO-Behindertenrechtskonvention zu entwickeln.

Zudem bearbeitet die Kommission gemeinsame Anliegen der Institutionen und thematisiert sie gegebenenfalls auf Verbandsebene.

Appell:

Die Lebensbereich Gestaltung gestaltet sich für Menschen mit Behinderungen meist als komplexer Hürdenlauf. Die politische Lobbyarbeit für die Behinderten muss schweizerisch gesellschaftlich Fuss fassen. Daher die Empfehlung konsequenter und verantwortungsbewusster Angebote im Sinne der UNO-Behindertenrechtskonvention entwickeln und vermehrt durchsetzen. Zum Wohle der Behinderten.

Dieses Anliegen ist vermehrt von Behinderten und Betroffenen erwünscht und tragen hohes Interesse des Autors und der Betroffenen, für die Thomas Zumstein aus Grenchen einstehen möchte.

Die INSOS hat eine hohe Verantwortung politisch und gesellschaftlich übernommen. Daher ist auch gesellschaftliche und politische Umsetzung der Mandatsaufgaben von höchster Priorität. Wir wollen als Lobby für die Behinderten auftreten und unseren Wünschen und Anliegen Ausdruck verleihen. Nicht nur auf politischer Ebene, sondern auch mit Büchern und Transparenz für das Wohl der Behinderten. Info@pshd.ch nimmt Feedbacks und Anliegen auf. Wir finden Bücher für die Politik der Behinderten sehr wichtig und setzen sie auch redaktionell um. Wir möchten aber nicht als Verlag fungieren, sondern als politische Lobby für Behinderte. Daher nehmen wir auch die Presse und die Medien in Anspruch und möchten vermehrt an die Öffentlichkeit treten.

Die hohe politische Transparenz ist vielfach ein Anliegen und muss durch die Kommissionen zur Kenntnis und Umsetzung gebracht werden. Die Menschen sind an Würde und an Respekt geboren. Die Lebensqualität für die Betroffenen ist meist aber nicht vertreten, noch geniesst sie höchste Priorität. Die Priorität muss aber auf höchster Stufe und Wichtigkeit sein. Deshalb der Appell den Knopf auf höchste Priorität zu setzen und im Handy eine viertelstündige Erinnerung aufzuschalten. Es ist höchste Alarmstufe in der Schweiz. Da besonders die geistig Behinderten keine schweizerische politische Lobby besitzen. Die Kommissonsarbeit ist wichtiger denn je. Auch die politische Arbeit und die gesellschaftliche Akzeptanz für die Anliegen der Behinderten. Da sie wirtschaftlich im Minimum leben und sich im Dschungel der Behörden und Rechte nicht auskennen und sich daher nicht zur Wehr setzen können oder wollen. Dieser Appell soll sensibilisieren und für die Behinderten eine Hilfe sein. Aber auch Motivation und Ansporn für die Kommissionsarbeit darstellen. Besonders wichtig erachten wir das monatliche Mindestexistenzminimum von 4'000.00 CHF monatlich. Dies soll als Grundsatzentscheid in allen Bereichen des Lebens der Behinderten in Betracht gezogen und umgesetzt werden.

Badewannenidee:
Wie dieses Buch geschrieben wurde:

Dieses Buch ist nicht aus einer plumpen Idee heraus entstanden, sondern aus Wünschen von Bedürftigen. Leider erleben wir immer wieder Stellungsnahmen, dies sei ein illusorisches Fantasiegebilde und wir dürfen nicht unserer Überzeugung und Anliegen Publikation verleihen. Wir sind aber überzeugt, dass diese Publikation und der politische Auftritt wichtiger denn je sind. Sie soll Transparenz, Sensibilisierung und Gewissheit geben, dass die psychisch Behinderten ernst genommen werden. Sogar sehr ernst. Das finanzielle Sponsoring und Unterstützung für die Behinderten ist immens wichtig. Auch wenn das fliessende Wasser in der Politbadewanne Trübe und verschmutzt ist. Verschmutzt von Sanktionen und behördlichen Hürdenläufen um die Rechte durchzusetzen. Verschmutzt von Stress der Gesellschaft und im Beruf. Dies stösst traurig auf und muss in Harmonie und Lebensqualität umgesetzt werden. Das Badewannenwasser muss klar und mit Lavendelduft besetzt werden. Damit sich Menschen auch getrauen zu kommunizieren und ihre demokratische Freiheit zu spüren. Niemand darf der Folter, der Erniedrigung und der Stigmatisierung ausgesetzt sein. Dazu die Menschenrechtserklärungen:

UN-Menschenrechtserklärung

Die Allgemeine Erklärung der Menschenrechte

UNO-Resolution 217 A (III) vom 10. Dezember 1948

Präambel

Da die Anerkennung der angeborenen Würde und der gleichen und unveräusserlichen Rechte aller Mitglieder der Gemeinschaft der Menschen die Grundlage von Freiheit, Gerechtigkeit und Frieden in der Welt bildet,

da die Nichtanerkennung und Verachtung der Menschenrechte zu Akten der Barbarei geführt haben, die das Gewissen der Menschheit mit Empörung erfüllen, und da verkündet worden ist, dass einer Welt, in der die Menschen Rede- und Glaubensfreiheit und Freiheit von Furcht und Not geniessen, das höchste Streben des Menschen gilt,

da es notwendig ist, die Menschenrechte durch die Herrschaft des Rechtes zu schützen, damit der Mensch nicht gezwungen wird, als letztes Mittel zum Aufstand gegen Tyrannei und Unterdrückung zu greifen, da es notwendig ist, die Entwicklung freundschaftlicher Beziehungen zwischen den Nationen zu fördern,

da die Völker der Vereinten Nationen in der Charta ihren Glauben an die grundlegenden Menschenrechte, an die Würde und den Wert der menschlichen Person und an die Gleichberechtigung von Mann und Frau erneut bekräftigt und beschlossen haben, den sozialen Forschritt und bessere Lebensbedingungen in grösserer Freiheit zu fördern,

da die Mitgliedstaaten sich verpflichtet haben, in Zusammenarbeit mit den Vereinten Nationen auf die allgemeine Achtung und Einhaltung der Menschenrechte und Grundfreiheiten hinzuwirken,

da ein gemeinsames Verständnis dieser Rechte und Freiheiten von grösster Wichtigkeit für die volle Erfüllung dieser Verpflichtung ist,

verkündet die Generalversammlung

diese Allgemeine Erklärung der Menschenrechte als das gemeinsame Ideal, das von allen Völkern und Nationen zu erreicht werden soll, damit jede einzelne Person und alle Organe der Gesellschaft sich diese Erklärung stets gegenwärtig halten und sich bemühen, durch Unterricht und Erziehung die Achtung vor diesen Rechten und Freiheiten zu fördern und durch fortschreitende nationale und internationale Massnahmen ihre allgemeine und tatsächliche Anerkennung und Einhaltung durch die

Bevölkerung der Mitgliedstaaten selbst wie auch durch die Bevölkerung der ihrer Hoheitsgewalt unterstehenden Gebiete zu gewährleisten.

Artikel 1

Alle Menschen sind frei und gleich an Würde und Rechten geboren. Sie sind mit Vernunft und Gewissen begabt und sollen einander im Geist der Geschwisterlichkeit begegnen.

Artikel 2

Jede Person hat Anspruch auf die in dieser Erklärung verkündeten Rechte und Freiheiten ohne irgendeinen Unterschied, etwa nach Rasse, Hautfarbe, Geschlecht, Sprache, Religion, politischer oder sonstiger Überzeugung, nationaler oder sozialer Herkunft, Vermögen, Geburt oder sonstigem Stand.

Des weiteren darf kein Unterschied gemacht werden auf Grund der politischen, rechtlichen oder internationalen Stellung des Landes oder Gebiets, dem eine Person angehört, gleichgültig ob dieses unabhängig ist, unter Treuhandschaft steht, keine Selbstregierung besitzt oder sonst in seiner Souveränität eingeschränkt ist.

Artikel 3

Jede Person hat das Recht auf Leben, Freiheit und Sicherheit.

Artikel 4

Niemand darf in Sklaverei oder Leibeigenschaft gehalten werden; Sklaverei und Sklavenhandel sind in all ihren Formen verboten.

Artikel 5

Niemand darf der Folter oder grausamer, unmenschlicher oder erniedrigender Behandlung oder Strafe unterworfen werden.

Artikel 6

Jede Person hat das Recht, überall als rechtsfähig anerkannt zu werden.

Artikel 7

Alle Menschen sind vor dem Gesetz gleich und haben ohne Unterschied Anspruch auf gleichen Schutz durch das Gesetz. Alle haben Anspruch auf gleichen Schutz gegen jede Diskriminierung, die gegen diese Erklärung verstösst, und gegen jede Aufhetzung zu einer derartigen Diskriminierung.

Artikel 8

Jede Person hat Anspruch darauf, von den zuständigen innerstaatlichen Gerichten wirksam gegen Handlungen geschützt zu werden, durch die ihre Grundrechte verletzt werden, die ihr nach der Verfassung oder nach dem Gesetz zustehenen.

Artikel 9

Niemand darf willkürlich festgenommen, in Haft gehalten oder des Landes verwiesen werden.

Artikel 10

Jede Person hat bei der Feststellung ihrer Rechte und Pflichten sowie bei einer gegen sie erhobenen strafrechtlichen Beschuldigung in voller Gleichheit Anspruch auf ein gerechtes und öffentliches Verfahren vor einem unabhängigen und unparteiischen Gericht.

Artikel 11

1. Jede Person, die wegen einer strafbaren Handlung beschuldigt wird, hat das Recht, als unschuldig zu gelten, solange ihre Schuld nicht in einem öffentlichen Verfahren, in dem sie alle für ihre Verteidigung notwendigen Garantien gehabt hat, gemäss dem Gesetz nachgewiesen ist.
2. Niemand darf wegen einer Handlung oder Unterlassung verurteilt werden, die zur Zeit ihrer Begehung nach innerstaatlichem oder internationalem Recht nicht strafbar war. Ebenso darf keine schwerere Strafe als die zum Zeitpunkt der Begehung der strafbaren Handlung angedrohte Strafe verhängt werden.

Artikel 12

Niemand darf willkürlichen Eingriffen in sein Privatleben, seine Familie, seine Wohnung und seinen Schriftverkehr oder Beeinträchtigungen seiner Ehre und seines Rufes ausgesetzt werden. Jede Person hat Anspruch auf rechtlichen Schutz gegen solche Eingriffe oder Beeinträchtigungen.

Artikel 13

1. Jede Person hat das Recht, sich innerhalb eines Staates frei zu bewegen und ihren Aufenthaltsort frei zu wählen.
2. Jede Person hat das Recht, jedes Land, inklusive ihres eigenen, zu verlassen und in ihr Land zurückzukehren.

Artikel 14

1. Jede Person hat das Recht, in anderen Ländern Asyl vor Verfolgung zu suchen und zu geniessen.
2. Dieses Recht kann nicht in Anspruch genommen werden im Falle einer Strafverfolgung, die tatsächlich auf Grund von Verbrechen nichtpolitischer Art oder auf Grund von Handlungen erfolgt, die gegen die Ziele und Grundsätze der Vereinten Nationen verstossen.

Artikel 15

1. Jede Person hat das Recht auf eine Staatsangehörigkeit.
2. Niemandem darf seine Staatsangehörigkeit willkürlich entzogen noch das Recht versagt werden, seine Staatsanghörigkeit zu wechseln.

Artikel 16

1. Erwachsene Frauen und Männer haben ohne Beschränkung auf Grund der Rasse, der Staatsangehörigkeit oder der Religion das Recht, zu heiraten und eine Familie zu gründen. Sie haben bei der Eheschliessung, während der Ehe und bei deren Auflösung gleiche Rechte.
2. Eine Ehe darf nur mit der freien und uneingeschränkten Zustimmung beider künftigen Ehegatten geschlossen werden.
3. Die Familie ist die natürliche Grundeinheit der Gesellschaft und hat Anspruch auf Schutz durch Gesellschaft und Staat.

Artikel 17

1. Jede Person hat das Recht, sowohl allein als auch in Gemeinschaft mit anderen Eigentum innezuhaben.
2. Niemand darf willkürlich seines Eigentums beraubt werden.

Artikel 18

Jede Person hat das Recht auf Gedanken-, Gewissens- und Religionsfreiheit; dieses Recht schliesst die Freiheit ein, ihre Religion oder Weltanschauung zu wechseln, sowie die Freiheit, ihre Religion oder Weltanschauung allein oder in Gemeinschaft mit anderen, öffentlich oder privat durch Lehre, Ausübung, Gottesdienst und Kulthandlungen auszudrücken.

Artikel 19

Jede Person hat das Recht auf Meinungsfreiheit und freie Meinungsäusserung; dieses Recht schliesst die Freiheit ein, Meinungen ungehindert anzuhangen, sowie über Medien jeder Art und ungeachtet von Landesgrenzen Informationen und Gedankengut zu suchen, zu empfangen und zu verbreiten.

Artikel 20

1. Alle Menschen haben das Recht, sich friedlich zu versammeln und zu Vereinigungen zusammenzuschliessen.
2. Niemand darf gezwungen werden, einer Vereinigung anzugehören.

Artikel 21

1. Jede Person hat das Recht, an der Gestaltung der öffentlichen Angelegenheiten seines Landes

unmittelbar oder durch frei gewählte Vertreter mitzuwirken.
2. Jede Person hat das Recht auf gleichen Zugang zu öffentlichen Ämtern in seinem Lande.
3. Der Wille des Volkes bildet die Grundlage für die Autorität der öffentlichen Gewalt; dieser Wille muss durch regelmässige, nicht manipulierte, allgemeine und gleiche Wahlen mit geheimer Stimmabgabe oder in einem gleichwertigen freien Wahlverfahren zum Ausdruck kommen.

Artikel 22

Jede Person hat als Mitglied der Gesellschaft das Recht auf soziale Sicherheit und Anspruch darauf, durch innerstaatliche Massnahmen und internationale Zusammenarbeit sowie unter Berücksichtigung der Organisation und der Mittel jedes Staates in den Genuss der wirtschaftlichen, sozialen und kulturellen Rechte zu gelangen, die für ihre Würde und die freie Entwicklung ihrer Persönlichkeit unentbehrlich sind.

Artikel 23

1. Jede Person hat das Recht auf Arbeit, auf freie Berufswahl, auf gerechte und günstige Arbeitsbedingungen sowie auf Schutz vor Arbeitslosigkeit.
2. Jede Person, ohne Unterschied, hat das Recht auf gleichen Lohn für gleiche Arbeit.
3. Jede Person, die arbeitet, hat das Recht auf gerechte und befriedigende

Entlöhnung, die ihr und ihrer Familie eine der menschlichen Würde entsprechende Existenz sichert, gegebenenfalls ergänzt durch andere soziale Schutzmassnahmen.
4. Jede Person hat das Recht, zum Schutz ihrer Interessen Gewerkschaften zu bilden und solchen beizutreten.

Artikel 24

Jede Person hat das Recht auf Erholung und Freizeit und insbesondere auf eine vernünftige Begrenzung der Arbeitszeit und regelmässige bezahlte Ferien.

Artikel 25

1. Jede Person hat das Recht auf einen Lebensstandard, der ihr und ihrer Familie Gesundheit und Wohlergehen gewährleistet, inklusive Nahrung, Kleidung, Wohnung, medizinische Versorgung und notwendige soziale Leistungen sowie das Recht auf Sicherheit im Falle von Arbeitslosigkeit, Krankheit, Behinderung oder Verwitwung, im Alter sowie bei anderweitigem Verlust ihres Lebensunterhalts durch Umstände, die sie keinen Einfluss hat.
2. Mütter und Kinder haben Anspruch auf besondere Fürsorge und Unterstützung. Alle Kinder, eheliche wie ausserehelich, geniessen den gleichen sozialen Schutz.

Artikel 26

1. Jede Person hat das Recht auf Bildung. Die Bildung soll unentgeltlich sein, wenigstens auf der Primar- und Sekundarschulstufe. Der Grundschulunterricht ist obligatorisch. Fach- und Berufsausbildung müssen allgemein zugänglich gemacht werden, und der Hochschulunterricht muss allen gleichermassen entsprechend ihren Fähigkeiten offenstehen.
2. Die Bildung muss auf die volle Entfaltung der menschlichen Persönlichkeit und auf die Stärkung der Achtung vor den Menschenrechten und der grundlegenden Freiheiten ausgerichtet sein. Sie muss zu Verständnis, Toleranz und Freundschaft zwischen allen Völkern und allen rassischen oder religiösen Gruppen beitragen und die Tätigkeit der Vereinten Nationen für die Erhaltung des Friedens fördern.
3. Die Eltern haben ein vorrangiges Recht, die Art der Bildung zu wählen, die ihre Kinder erhalten sollen.

Artikel 27

1. Jede Person hat das Recht, am kulturellen Leben der Gemeinschaft frei teilzunehmen, sich an den Künsten zu erfreuen und am wissenschaftlichen Fortschritt und dessen Errungenschaften teilzuhaben.

2. Jede Person hat das Recht auf Schutz der geistigen und materiellen Interessen, die ihr als Urheber von Werken der Wissenschaft, Literatur oder Kunst erwachsen.

Artikel 28

Jede Person hat Anspruch auf eine soziale und internationale Ordnung, in der die in dieser Erklärung verkündeten Rechte und Freiheiten voll verwirklicht werden können.

Artikel 29

1. Jede Person hat Pflichten gegenüber der Gemeinschaft, in der allein die freie und volle Entfaltung ihrer Persönlichkeit möglich ist.
2. Bei der Ausübung ihrer Rechte und Freiheiten darf jede Person nur solchen Beschränkungen unterworfen werden, die das Gesetz ausschliesslich zu dem Zweck vorsieht, die Anerkennung und Achtung der Rechte und Freiheiten anderer zu sichern und den gerechtfertigten Anforderungen der Moral, der öffentlichen Ordnung und der allgemeinen Wohlfahrt in einer demokratischen Gesellschaft zu genügen.
3. Diese Rechte und Freiheiten dürfen in keinem Fall im Widerspruch zu den Zielen und Grundsätzen der Vereinten Nationen ausgeübt werden.

Artikel 30

Keine Bestimmung dieser Erklärung darf so ausgelegt werden, dass sie für einen Staat, eine Gruppe oder eine Person irgendein Recht begründet, eine Tätigkeit auszuüben oder eine Handlung zu begehen, welche die Beseitigung der in dieser Erklärung verkündeten Rechte und Freiheiten zum Ziel hat.

Die hier vorgelegte deutsche Übersetzung der *Allgemeinen Erklärung der Menschenrechte* hat keinerlei offiziellen Charakter. Entsprechend dem Geist der AEMR wurde eine geschlechtsneutrale deutsche Formulierung gesucht, im übrigen lehnt sich diese Übersetzung möglichst eng an das englische Original an. Die verwendeten deutschen Begriffe entsprechen der in der Schweiz geläufigen Ausdrucksweise.

Die Menschenrechte müssen offiziellen Charakter erhalten

Der Autor, Thomas Zumstein erachtet die Umsetzung der Menschenrechte im Sinne eines offiziellen Charakters als besonders wichtig. Dazu müssen alle Parteien, Kommissionen und Behörden, sowie private Institutionen und Anbieter stehen. Der Autor steht zu den Menschenrechten und engagiert sich für die Umsetzung der Menschenrechte.

Inhaltsverzeichnis

Für Lebensqualität – Behindertenpartizipation 1
Über dieses Buch. 2
Über den Autor: 3
Einleitung 5
Erster Teil: 7
   Mut zu lesen und Lebens-Mut 7
Zweiter Teil: 12
   Gesellschaftliche Sozialphobbie 12
   Wunschliste des Betroffenen: 13
   Appell an die Kommission INSOS: 15
   Appell: 16
Badewannenidee: 18
   Wie dieses Buch geschrieben wurde: 18
UN-Menschenrechtserklärung 19
Die Allgemeine Erklärung der Menschenrechte 19
Die Menschenrechte müssen offiziellen Charakter erhalten 31

Persönliche Notizen:

Zeichnungen und Skizzen: